DES ARTS

COMME

PUISSANCE GOUVERNEMENTALE,

ET

DE LA NOUVELLE CONSTITUTION A DONNER AUX THÉATRES;

PAR E. SOUVESTRE.

NANTES,

IMPRIMERIE DE MELLINET.

1832.

DES ARTS,

COMME MOYEN DE GOUVERNEMENT,

ET DE LA

NOUVELLE CONSTITUTION A DONNER AUX THÉATRES.

CHAPITRE PREMIER.

Des Arts considérés comme puissance moralisante (1).

Les gouvernements ne doivent avoir qu'un but celui, de rendre heureux les hommes qui leur sont soumis.

Pour atteindre ce but, deux choses sont indispensables : d'abord, que les richesses aient un cours large et bien entendu dans toutes les classes ; c'est le fait des lois et de la politique.

Secondement, que les sentiments de dévouement et de sympathie soient developpés dans les masses ; c'est le fait de la morale.

En deux mots : Tout gouvernement doit tendre à rendre les classes inférieures *plus aisées* et *meilleures*.

Le gouvernement doit donc avoir deux actions : l'une, *industrielle* ; et l'autre, *morale*. Et la même direction doit présider à toutes deux, de manière à ce qu'elles s'appuient et se corroborent réciproquement.

L'action *industrielle* du gouvernement devra se faire sentir dans la réformation des lois et la modification de la politique;

Son action *morale*, dans la nouvelle direction qu'il devra donner à tout ce qui a pouvoir sur l'esprit et le cœur humain, c'est-à-dire aux sciences et aux arts.

---

(1) *Extrait du Breton.*

Nous ne nous occuperons ici que de ces derniers. Les arts sont une puissance *moralisante*, et par conséquent *gouvernementale*, puisque le gouvernement a mission, comme nous l'avons dit, de moraliser les peuples.

Les preuves ne nous manqueraient pas, si nous voulions en invoquer à l'appui de cette double vérité.

Consultons l'histoire: dès le berceau des sociétés, ne voyons-nous pas les arts employés à hâter la mission de chaque siècle? Ne voyons-nous pas tour à tour ces arts, religieux lorsque les sociétés se faisaient leurs dieux et leur Olympe, guerriers lorsqu'elles se nationalisaient par les armes, philosophes quand elles s'éclairaient par les recherches, revêtir toutes les formes, prendre toutes les allures pour pousser l'humanité dans sa voie providentielle? — Leviers puissants qui, ayant pour appui le cœur humain, peuvent soulever le monde, et sur lesquels se pose successivement chaque main destinée à imprimer un nouveau mouvement aux générations. Aussi, voyez quel parti le christianisme sut en tirer au moyen âge! comme il appela tous les arts à son secours, en les revêtant du caractère qu'il voulait donner au monde! Architecture aérienne, mélancolique, mystérieuse comme ses croyances; musique grave et foudroyante comme ses dogmes; sculpture et peinture imprégnées de je ne sais quel caractère céleste comme ses espérances; éloquence sacrée réunissant en elle seule toutes ces nuances, et tonnant avec Saint-Jérôme, ou rêvant avec Saint-Augustin! Ah! quelle force humaine eût pu résister à tant d'irrésistibles sollicitations qui se présentaient sous la forme la plus puissante sur le cœur, pour appeler le genre humain à la religion du Christ. Long-temps encore après, lorsque la foi se fût affaiblie, les chefs-d'œuvres produits par le christianisme plaidèrent pour lui, et peut-être ne devons-nous qu'aux débris de ces créations sublimes le reste de croyance et la légère lueur de catholicisme qui se reflète encore dans quelques âmes poétiques; car, de nos jours, l'orgue de nos cathédrales gothiques et les vierges chrétiennes de Raphaël ont conservé plus de puissance que le pape.

Du reste, à qui voudrait nier la puissance des arts, il suffirait de rappeler ce que nous avons vu se passer sous nos yeux depuis quinze ans. Certes, jamais influence ne fut plus visible, plus générale. N'avons-nous pas vu tous les arts se réunir pour le développement de quelques vérités politiques; la musique, la poésie, la sculpture, la peinture, traduire, pour le peuple et sous la forme la plus remuante, les pensées de liberté et d'égalité légale. Cette *charte* même que le peuple invoquait en juillet, croyez-vous qu'il eut appris à la connaître et à l'aimer dans nos codes? Non, c'était au coin des bornes, en regardant les caricatures de l'étalagiste, en lisant les journaux, en répétant les chants de *Béranger*, en écoutant les vaudevilles du jour, que la *sainte canaille* avait fait son éducation politique. C'était là qu'elle avait appris à répéter avec dévouement et amour ce nom de *charte* qui était pour elle une religion et non une science, car parmi elle aucun, peut-être, n'aurait pu dire ce qu'elle contenait. Voilà le peuple! hommes de croyances et de sentiments; âmes neuves où tous les arts ont un long et sonore retentissement; que l'on conduit avec des impressions bien plus qu'avec des raisonnements; masses que le savant trouve froid, mais que l'artiste passionne à sa fantaisie; foule vive et dramatique, qui a besoin d'un drapeau tricolore pour le combat, et d'une *Marseillaise* au milieu de la mitraille!

Eh! bien, cette puissance directoriale des arts comment est-elle employée chez nous depuis quelque temps? Regardez! partout sarcasme amer, hostilité aux hommes et aux choses, cynisme moral et physique. Le criticisme lassé de siffler tout, s'est mis à se siffler lui-même; et le siècle entier ressemble à Arlequin faisant une grimace à son image qu'il voit dans un miroir. Aussi le peuple, qui fait son cours de morale le long des rues et dans les théâtres, qu'y trouve-t-il? La personnification du vice effronté sous la bosse de Mayeux, l'apothéose de l'esprit guerrier paré du petit chapeau et de la capotte grise, ou bien quelque sale représentation des misères humaines reproduites avec leurs hoquets, leurs tortures, leur fatalité, et finissant sous un poignard ou sur la place de Grève. Quel profit peut-il tirer de semblables leçons? Le mépris de ce qui est, le dégoût de tout, ou cette indifférence dangereuse du bien et du mal professée par nos jeunes écrivains (1), espèce de fanfarons de crimes, Diogènes fashionables, qui vont remuer la boue des bauges en gants parfumés, qui encadrent le vice en vignettes, et peignent la vie comme une ivresse d'opium! Ah! est-ce à une pareille école que les classes les moins éclairées apprendront l'esprit pacifique de l'avenir? Pourquoi poursuivre cette guerre déclarée à la confiance et au dévouement, cette chasse contre toutes les croyances de la vie? pourquoi tremper successivement tous les sentiments humains dans la fange, pour faire à l'homme douter des hommes, comme s'il ne fallait pas, au contraire, ranimer en lui toutes les dispositions d'union et de sympathie. Les arts ont assez *combattu*. Leur emploi désormais est de *lier* les hommes. Entourés de ruines, employons comme Amphion la lyre à rebâtir un nouvel édifice social, si nous ne voulons pas que la génération prochaine reste nue et à découvert sous le souffle des tempêtes.

CHAPITRE II.

De l'emploi des arts dans l'avenir comme moyen de gouvernement.

Les arts sont une puissance moralisante: nous croyons l'avoir suffisamment développé; dès-lors nous pensons qu'il sera facile de faire comprendre qu'ils doivent devenir quelque jour un des moyens les plus énergiques de gouvernement. Quand ce moment sera venu, ce sera à l'autorité d'employer et de régulariser leur influence pour atteindre son double but *industriel et moral.*

(1) Voyez les ouvrages de MM. Barbier, Janin, Eug. Sue, Raymond, Balzac, etc.

Alors au gouvernement appartiendra la direction des arts, et cette direction ne pourra jamais devenir une tyrannie pour ceux-ci, car l'autorité marchera sur la même route qu'eux. Un gouvernement retardataire peut seul trouver les arts hostiles, jamais un gouvernement progressif. Il est de leur nature de pousser l'humanité en avant, et non de la remorquer vers le passé: l'histoire entière en fait foi. Imprimez donc au monde son mouvement d'avenir, et puis appelez ces arts à votre secours sans vous inquiéter de leur action; elle sera toute en faveur de ce mouvement. Mais en vous servant de la puissance moralisante de l'artiste, payez-lui en bonheur et en hommages les efforts qu'il fait pour vous seconder. Puisque vous reconnaissez en lui une capacité forte et profitable, retribuez-le selon son importance sociale. Ne le forcez plus comme maintenant à dépenser son génie dans des intrigues *de coterie*, à effeuiller sa vie au milieu des étroites sollicitations de succès, à éparpiller ses inspirations dans des pastiches, pour obtenir le pain de chaque jour. Pour qu'il ait toutes ses facultés vouées à la méditation de ses œuvres, toute son âme ouverte aux enthousiasmes créateurs, faites-lui une existence facile. L'artiste comme le savant est l'homme de la société entière; il vit dans l'humanité, c'est à l'humanité de veiller à son sort: point de profusions, point de cette vie en orgie qui consomme sans jouissance. Non, ce qu'il lui faut, c'est l'aisance du foyer, et comme le dit le poëte italien:

Un doux repas, un nid joyeux, un air caressant. (1)

Ce qu'il faut à l'artiste, c'est l'insouciance de l'avenir, les promenades capricieuses sous les feuillées et l'indépendance des heures. Avec cela jetez devant ses veilles une grande mission, montrez-lui la foule attendant son souffle pour prendre une direction, et puis

---

(1) *Lieto nido, esca dolce, aura cortese*

(*Guarini.*)

laissez le reste à sa vaste et toute puissante volonté. Son génie sera la foi du chrétien qui pouvait *transporter des montagnes*. Et ne jugez pas de ce que seraient les artistes placés dans cette situation par ceux que vous avez aujourd'hui sous les yeux; autant aurait valu chercher l'artiste chrétien, Raphaël ou Bossuet, dans les faiseurs de silhouette et les rhéteurs du temps de *Julien*. Quelle route a-t-on ouverte aux arts de nos jours? quel but ont-ils à atteindre? dans quel sens doivent-ils faire rouler les masses? Partout incertitude et isolément. L'homme fort lui-même, reste sans action au milieu de ce pêle-mêle social. Que feraient deux cent mille *Turennes* sans plan de campagne, sans organisation, sans chef? Il faut qu'une direction commune et large ait été imprimée aux arts, pour que nous comprenions ce que sera l'artiste des nations qui se préparent, et jusqu'à quel point s'étendra son influence. Du reste, ils avaient bien compris la puissance des arts sur les mœurs, ces peuples grecs qui avaient ouvert pour les grands hommes un prytanée aux frais de l'état, ne demandant en retour de la douce aisance qu'ils leur assuraient, que des productions qui entretinssent dans tous les cœurs les idées fondamentales des sociétés d'alors, l'amour de l'égalité et de l'indépendance. Ce fut ainsi, qu'Athènes avec son peuple mou et inconstant, ses mœurs dissolues et son lâche sybarisme, repoussa trois fois les débordements des Perses. Là, le courage n'était ni le résultat des mœurs comme à Lacédémone, ni celui de la religion comme chez les peuples du nord, mais seulement l'ouvrage des artistes qui avaient appris la valeur à un peuple efféminé, en décernant aux héros des hymnes et des statues, et en poursuivant de leurs satyres sanglantes le guerrier timide qui avait fui. Aussi, *Milthiade* sauveur de la Grèce, se croyait-il alors assez payé par le tableau de *Marathon* où le peintre l'avait placé aux premiers rangs! Voilà l'autorité des arts aux grandes époques historiques! voilà le rôle qui leur est réservé dans l'avenir!

Oui, un jour viendra où les artistes ne seront plus de petits fabricants sans patente, débitant leur génie en détail et à l'enchère ; à eux sera donnée la tâche de moraliser le genre humain : Ils deviendront les missionnaires de la civilisation ! Les produits de leur inspiration seront exposés partout pour l'instruction de tous. Le peuple viendra chercher de hautes leçons dans des galeries de tableaux, de statues, où la morale se développera sous une forme réelle. Là, vous apprendrez à l'enfant à admirer, à aimer la représentation de ceux qui furent utiles à l'humanité et qui se firent grands, comme Dieu, par des bienfaits. Ce seront là les *saints* offerts pour exemple et pour adoration à la génération nouvelle, et ne vous inquiétez pas de la dévotion du peuple pour de telles images. Le peuple a des élans pour tout ce qui est noble et grand : voyez-le devant le souvenir de Napoléon !..

Ainsi les enseignements reparaîtraient sans cesse aux yeux des masses ; dans leurs délassements même les vérités de l'ordre social s'exprimeraient partout ; les arts sueraient l'association et la sympathie, comme ils ont sué le libéralisme depuis quinze ans ; et, poussés par le souffle puissant des artistes, le monde s'élancerait dans cette mer indéfinie de la perfectibilité, dont l'horizon s'élargira à mesure que les générations s'y avanceront davantage.

Et remarquez combien le bonheur général serait augmenté par une telle direction : les jouissances des arts jusqu'ici réservées, presqu'exclusivement aux riches, descendraient aux classes les plus pauvres, elles seraient distribuées comme une consolation, comme un encouragement. En éveillant les sensations, elles donneraient plus d'énergie aux efforts, plus de gaîté au travail ; elles délasseraient le corps par l'esprit. — Qui n'a remarqué tout cela ? Otez à un régiment en marche ses tambours et sa musique, la fatigue se fera sentir deux fois plus. Les arts en récréant les facultés intellectuelles détournent notre propre attention des facultés physiques et nous en font moins sentir la fatigue.

Notre siècle, en ôtant au peuple tous les spectacles publics, a de beaucoup agravé sa situation morale, outre qu'il s'est retiré un grand moyen d'influence. Le culte catholique avec ses pompes, ses chants, ses parfums et ses prédications avait long-temps satisfait au goût de la foule pour la représentation et les arts; mais la destruction des idées chrétiennes a ôté à son culte tout son charme. L'éclat des cérémonies religieuses diminue chaque année, et nous n'avons plus même la ressource de nos pères, qui se consolaient des misères publiques en admirant les magnifiques processions de la ligue. Il est cependant important que l'homme de peine ait devant lui, au bout de son travail, l'espérance d'un plaisir vif et attirant; rien ne le soutient plus certainement dans la fatigue, et l'ouvrier de Paris doit peut-être en grande partie son admirable gaîté et sa courageuse insouciance à l'espoir de danser le dimanche à la Chaumière, ou de voir un mélodrame au Cirque Olympique. Il faut s'être mêlé aux classes pauvres et avoir vécu avec elles pour se faire une juste idée de la vérité de ces observations et de leur importance pour leur bonheur.

Ce goût du peuple pour tout ce qui peut l'émouvoir et le distraire de ses propres peines est, du reste, tellement dans la nature, qu'il faudrait avoir bien peu étudié l'homme pour le nier. C'est à ce goût, qui cherche tous les moyens de se satisfaire, qu'il faut attribuer cette espèce de passion de certaines nations pour les combats de gladiateurs ou d'animaux, et chez nous l'empressement avec lequel la foule court à la place de Grève pour voir une exécution. Certes, ce qui attire là, ce n'est ni la passion ni l'amour du sang, car dans cette multitude composée de femmes et d'enfants tous ne peuvent être cruels ni dépravés; mais, ce que tous viennent chercher, c'est un spectacle donné gratis, c'est un drame admirable, parce qu'il est joué au naturel par le bourreau et le condamné; c'est une heure d'émotion qui puisse faire oublier à chacun, pendant ce temps, sa propre situation. Il y a encore de *l'artiste* dans cette effroyable avidité de la canaille à voir tomber une tête d'homme. Les peuples anciens qui dans leurs constitutions avaient mieux étudié que nous la nature du cœur humain surent se servir avec adresse de cette passion pour les spectacles. Leurs théâtres où l'on représentait, aux frais de l'état, des pièces qui donnaient à la génération d'alors des idées de républicanisme, eurent incontestablement une immense influence. Les catholiques obtinrent le même résultat avec leurs églises; nul doute, que nos musées et nos théâtres ne soient employés dans l'avenir pour atteindre le même but. La civilisation aura aussi ses temples où les arts développeront toute leur puissance moralisante, et où les nations viendront chercher des distractions douces et d'utiles enseignements. Là tout ce qui sera beau deviendra un objet de culte, parce que tout ce qui est beau attire et se fait aimer. Là se réveillera la vie morale qui sommeille maintenant dans les classes inférieures de notre société; nos générations mécaniques, brutales et ignorantes se poétiseront, comme celles de l'Italie, devant les productions inspiratrices de l'artiste, et le monde entier s'animera d'une vie nouvelle; mais, d'ici que ce but, encore bien éloigné, ait été atteint, le progrès sera lent et imperceptible. C'est donc à nous d'essayer à en hâter la marche, en indiquant les moyens transitoires qui nous semblent propres à conduire au but, et en disant quel parti on pourrait tirer, dès maintenant, des arts comme *puissance moralisante.*

Chapitre III.

Mesures transitoires.

En écrivant sur les arts nous ne nous sommes fait aucune illusion; nous savons que bien peu nous liront, nous savons surtout que les idées que nous venons d'exprimer sont loin d'être comprises par ceux qui nous gouvernent actuellement. On sollicitait, il y a quelques mois, M. *Casimir Périer* en faveur d'un de nos talents les plus énergiques et les plus malheureux. — A quoi un poëte est-il bon, répliqua brusquement M.

le président du conseil! — Comme s'il ne savait pas que c'étaient des poëtes surtout (1) qui avaient lentement mûri la colère du peuple pour cette révolution à laquelle il devait son pouvoir, et que celui qu'il repoussait aujourd'hui avait lui-même emporté son débris du trône légitime dans cette démolition commencée depuis quinze ans. — Du reste, qu'importe l'opinion personnelle d'un ministre! La nation seule a une volonte et une opinion: les ministres sont des cochers loués à la journée pour conduire; le jour où la France voudra que les arts soient une puissance gouvernementale ils le seront; or, nous croyons que ce jour est proche; c'est donc des moyens transitoires à employer pour les porter à cette haute fonction que nous devons maintenant nous occuper.

Nous avons déjà dit quelle était la situation des artistes de nos jours: resserrés dans une existence étroite, froissés de toute part contre les aspérités d'un monde positif et dénigrant, ils ont pris le caractère des êtres souffrants, la colère ou le sarcasme. Ils semblent se venger par un amer septicisme des déceptions que leur fait essuyer la vie, et toute leur sympathie, moquée ou trahie, s'est tournée en une irritation bourrue, cinique qui réagit malheureusement sur le plus grand nombre. Un seul moyen se présente donc pour modifier la direction de leur talent; c'est d'améliorer leur sort. Il y a d'ailleurs ingratitude et cruauté dans l'espèce d'indifférence qu'on affiche aujourd'hui pour eux: ingratitude, parce que, plus que tous les autres, ils ont combattu pour nous amener au point où nous en sommes; cruauté, parce que les souffrances se quadruplent dans de pareilles âmes et tournent bientôt en désespoir. Que les yeux cessent donc de se détourner d'eux avec dédain; eux aussi sont des hommes positifs, puisqu'ils peuvent améliorer la condition de l'espèce humaine. Que nos maîtres ne leur refusent pas quelques marques

---

(1) Béranger, Mery et Barthélemy, etc.

publiques d'estime, que l'on accorde l'hospitalité à leur gloire quand elle a besoin de pain ! Créez un hôpital au génie comme vous en avez créé aux infirmités humaines. Puisqu'on ne peut détruire encore ces sinecures, espèces de chenils dorés où viennent dormir les chiens du pouvoir, ouvrez-en par pitié quelques-unes aux artistes ; témoignez enfin, par quelque signe manifeste, que vous ne les avez pas mis totalement en oubli et qu'ils peuvent encore se croire quelque chose dans votre ordre social. Témoignez l'intérêt de quelques instants à des essais faits d'âme et de conscience ; adressez un signe de tête à celui qui part dans la carrière, un sourire à celui qui a devancé les autres ; soyez encourageant pour tous, et alors vous commencerez à voir naître la confiance dans ces cœurs flétris, alors vous pourrez les appeler à votre aide pour la moralisation du peuple. Plus heureux, ils deviendront meilleurs ; moins oubliés, ils se montreront plus faciles à recevoir une direction qui d'ailleurs flattera toutes leurs sympathies ; que la main du pouvoir qui les écarte maintenant avec mépris, s'abaisse caressante sur les arts, et vous les verrez s'apprivoiser et offrir leurs services pour tout ce qui sera utile et généreux ; car il est de leur nature d'unir et non de combattre, de consoler et non de maudire.

Mais nous parlons sans cesse de la direction morale à donner aux arts, et nous n'avons pas encore dit ce que nous entendions par ce mot : la morale est la règle qui préside aux rapports des hommes entre eux.

Ces rapports sont de deux natures : les uns suivant une loi invariable et naturelle ; les autres soumis aux codes, aux usages, et dès-lors changeants selon les époques et les personnes.

Il est donc une morale pour laquelle il ne peut y avoir aucun doute. C'est cette morale *primitive*, au développement de laquelle nous voulons que les arts concourent présentement, et non au développement de la morale *factice* que modifie progressivement la civilisation.

La morale *primitive* peut être ramenée tout entière à deux objets : l'*intérêt* et la *sympathie*.

Les hommes se sont unis en société, parce qu'ils avaient *intérêt* à s'associer et qu'ils se sentaient *sympathiquement* portés les uns vers les autres. Telle est la morale *primitive* qu'il faut faire comprendre au peuple ; lui expliquer dans toutes ses conséquences : L'ASSOCIATION et L'AMOUR RÉCIPROQUE. Indiquez-lui sans cesse qu'il y a *intérêt* à se lier, qu'il y a *bonheur* à le faire.

Voilà la direction morale que, transitoirement, on devrait donner aux arts. Nul gouvernement, à moins d'être méchant ou stupide, ne peut nier l'utilité d'une semblable direction ; or, si l'on en reconnaît l'utilité, et si l'on admet que les arts puissent contribuer à la donner (et je crois l'avoir prouvé), il ne reste plus qu'à chercher les moyens d'application possibles maintenant.

D'abord, pour arracher les artistes à la fausse voie dans laquelle ils se sont jetés, pour leur faire accepter leur rôle nouveau, il faut nécessairement récompenser leurs travaux par de la *considération* et du *bien-être*.

La *considération* dépendra du gouvernement lui-même : qu'il prouve par ses actes quelle importance il donne aux arts et quel cas il fait de leur influence.

Quant au *bien-être*, c'est une question toute financière ; et, pour exposer nettement notre pensée à cet égard, nous sommes forcés d'entrer dans certains détails de chiffres.

La somme consacrée aux arts dans le budget de 1832 est très-faible, relativement au total de ce monstrueux budget ; elle est de 782,000 francs. C'est bien peu, sans doute, pour opérer une réforme nécessaire ; mais le moment serait mal choisi pour demander l'augmentation de cette somme ; aussi raisonnerons-nous toujours dans la supposition qu'elle resterait invariable. On en est malheureusement arrivé au point d'avoir à choisir entre *la vie matérielle* du peuple et *sa moralisation*; il faut qu'il *vive* d'abord, et des charges plus lourdes l'en empêcheraient; car, c'est tout au plus, si celles qu'il supporte maintenant lui permettent de ne pas mourir. Nous ne nous occuperons donc que de l'emploi le plus avantageux de ces 782,000 fr. pour atteindre le but que nous avons indiqué plus haut. Quant à la constitution des théâtres, elle nous occupera plus tard, et nous verrons alors quel usage on pourrait faire du 1,300,000 fr. de subvention que leur accorde le gouvernement.

La partie du budget de 1832 qui parle des Beaux-Arts, divise les dépenses occasionnées par eux au gouvernement en deux parties. La première comprend les établissements consacrés aux Beaux-Arts; la seconde, les encouragements qui leur sont accordés. Mais dans cette dernière partie se trouvent mêlés les encouragements donnés aux sciences. Comme nous ne nous occupons pas ici de ces dernières, nous croyons devoir retrancher la somme qui leur est destinée dans l'intention du gouvernement, et que nous porterons à 117,222 fr., c'est-à-dire au quart de la somme totale consacrée aux encouragements. Au reste, nous croyons que le tableau détaillé qui se trouve au budget pourra rendre plus clair ce qui sera dit à cet égard. Nous le donnons donc ici tel qu'il s'y trouve.

BEAUX-ARTS.

Établissements des Beaux-Arts.	*Dépenses.*
L'Académie Royale de France à Rome.	105,000 f.
École Royale et spéciale des Beaux-Arts à Paris. . .	90,000
Conservatoire de musique et de déclamation.	127,000
École de musique classique de M. Choron.	12,000
École gratuite de dessin.	46,000
TOTAL.	380,000

Encouragements.	*Dépenses.*
Encouragements aux lettres, aux arts, à l'art dramatique, AUX SCIENCES.	160,000 f.
Souscription à divers ouvrages.	172,000
Indemnité de logement aux artistes et aux SAVANTS. .	30,000
Dépenses imprévues.	20,000
TOTAL.	469,000
Retranchez pour les savants 1/4, ci.	117,222
Reste pour les arts.	351,778

TOTAL DÉFINITIF, 731,778 fr.

Ce tableau donne lieu à différentes observations, et il nous semble que l'emploi des fonds destinés aux arts n'y est pas toujours heureux. Nous l'examinerons donc en détail.

Nous voyons, en première ligne, *l'Académie des Arts à Rome*, qui absorbe 105,000 fr. Pense-t-on d'abord que cette académie soit chose bien utile? En voyons-nous de satisfaisants résultats? Les expositions prouvent-elles une supériorité réelle acquise par nos pensionnaires de Rome sur leurs concurrents de Paris? Il suffit d'avoir vu les trois derniers salons de peinture et de sculpture pour répondre négativement. Aussi pensons-nous qu'on a de beaucoup exagéré l'importance de ces études à Rome. Les arts sont l'expression de tout ce qui est poétique, c'est-à-dire de ce qui émeut, et cette forme remuante donnée à la pensée s'acquiert bien plus par l'étude de l'homme lui-même, que par celle des meilleurs modèles. N'oublions pas d'ailleurs qu'une nouvelle carrière est ouverte; que nos artistes ne doivent plus être ni *Raphaël*, ni *Michel-Ange*, ni *Salvator Rosa*; mais, comme ces grands hommes, il faut qu'ils impriment à leurs conceptions un caractère séculaire et symbolique du nouvel ère, une forme qui résume la nouvelle foi et les nouvelles croyances sociales. Nous avons assez refait le passé, assez copié le paganisme et le catholicisme, il est temps d'être quelque chose tout seul et de nous poser nous-même comme des types nouveaux. Les Grecs et les Romains copièrent Homère pendant plusieurs siècles jusqu'à ce que l'évangile ne fût venue ouvrir une nouvelle route à la pensée humaine ; mais alors l'imitation cessa : que nos peintres et nos sculpteurs laissent donc ces froides copies d'une époque qui n'est plus, et qu'ils habillent les arts de leur nouveau vêtement apostolique. Il y a quelque chose de mieux à faire pour eux que des *Vénus* ou des *Madones*, et il n'est pas nécessaire d'aller à Rome pour l'apprendre. Cependant, nous aussi, nous comprenons qu'il puisse être utile d'étudier les chefs-d'œuvre du passé et qu'il soit plus facile de s'inspirer au milieu de ces galeries riches de tant de productions sublimes. Peut-être l'artiste, en voyant les moyens employés par les grands maîtres pour arriver à leur but, conçoit-il mieux ceux qu'il peut employer lui-même de nos jours ; mais pour qu'une telle étude soit profitable, pour qu'il songe même à la faire, il faut qu'il ait déjà compris la mission des arts, et qu'il sache regarder ; il faut qu'il ait fait ses preuves comme homme de pensées et de sentiments. Or, je le demande, est-ce là le cas des jeunes élèves envoyés à Rome par notre gouvernement français ? Que leur demande-t-on dans les concours? Quelque froide et classique composition où la pureté des lignes et la facilité de l'exécution puissent prouver dans l'élève qu'il est homme de métier; pâle réminiscence de quelque type ancien plus ou moins maladroitement reproduit, mais toujours dépourvu d'originalité et d'inspiration. Et parmi ces copistes timides on prend le plus exact, le plus adroit ; et, à grands frais, on l'envoie au musée du monde, où les arts de chaque siècle viennent s'offrir à lui sous leurs formes palpitantes et variées. Enfant habitué à habiller des poupées de costumes imitateurs, il reste là muet devant ces restes vivants de générations éteintes ; il contemple avec une joie puérile l'éclat des couleurs, la beauté des formes, la richesse des draperies ; mais ce que disent ces marbres, ces toiles, quelle action elles ont eue sur leur siècle, il ne le sait pas; quelle âme unique a présidé à toutes ces créations d'une même époque, il ne le cherchera pas : pour lui, une vierge chrétienne est une Vénus pudique habillée : il pourra confondre une tête de stoïcien avec la figure de Saint-Jérôme. Le sentiment moral lui échappe parce que personne ne l'a averti que là seulement était l'art. Et d'où vient donc alors le besoin d'entretenir, avec notre or, des écoliers au milieu de ce peuple de statues et de tableaux, dont ils n'ont pas appris la langue et qu'ils ne peuvent comprendre? Pourquoi à Rome cette Académie permanente, où chaque année la France envoie des pensionnaires comme on renouvellerait les étalons d'un haras royal? Pense-t-on que l'on puisse recruter ainsi les artistes appelés à quelque chose de grand comme le contingent de l'armée? En nous résumant, nous dirons que l'académie des arts à Rome est une institution dispendieuse et qui ne remplit pas son but, que le voyage à la ville éternelle peut être utile, mais seulement pour l'artiste qui a déjà prouvé qu'il était capable de comprendre les créations de l'école italienne, et non pour l'écolier copiste qui, écrasé à la vue de tant de chefs-d'œuvres dont il n'a pas la clef, ne pourra que sentir redoubler devant eux son habitude de servilité et d'imitation.

Envoyez donc aux frais du gouvernement à Rome, non des lauréats de concours jugés par six examinateurs de l'institut, mais les artistes dont le public aura consacré les productions par ses suffrages, ceux qui auront prouvé qu'ils sentaient leur mission.

Un directeur à Rome deviendra alors inutile : vous y avez un ambassadeur qui peut faciliter à l'artiste pensionné tous les moyens d'instruction. La somme de 105,000 fr. consacrée à l'académie, vous permettra de doter vingt-cinq artistes qui pourront visiter l'Italie, et à chacun desquels vous donnerez 4000 fr. Parmi eux il nous semblerait juste de comprendre un certain nombre de compositeurs : eux aussi ont besoin de ce beau soleil du vieux Latium et de cet atmosphère harmonieux qu'on y respire. Ce n'est que là qu'ils pourront entendre les partitions des *maëstro* exécutés par les premiers chanteurs du monde, et qu'ils pourront bien étudier quelle est la puissance de la musique.

A la fin de chaque année chacun des vingt-cinq voyageurs devra prouver qu'il a mis à profit le temps écoulé, en rendant compte de ses observations ou en présentant ses travaux. A cette condition seule les secours du gouvernement lui seront continués. Le maître ne doit rien à l'ouvrier qui s'est endormi sur sa faucille, et a laissé les autres faire la moisson.

Ainsi l'état serait sûr de retirer un profit de ses sacrifices, un encouragement serait donné aux artistes qui voudraient accepter leur mission de moraliseurs de l'humanité. Et nous croyons que c'est ici le lieu de nous expliquer nettement à cet égard : pour nous, le talent, le génie même ne nous semblerait pas un titre suffisant aux faveurs, si l'emploi de ce génie était inutile ou funeste à la société. Les arts ne sont quelque chose de positif qu'autant que leur action se fait sentir; et l'on ne doit les encourager qu'autant que cette action est favorable au bonheur des peuples. Nous n'aurions donc nulle récompense pour l'artiste égaré qui reviendrait à des conceptions désormais surannées; car celui-là ne pourrait nous dire : *Payez-moi en bonheur et en gloire : voilà le bien que j'ai fait.* Que nous importe la puissance développée dans ses créations, si celles-ci sont sans résultat avantageux pour la société, ou sont nuisibles à sa moralisation ? Autant vaudrait pensionner un jongleur pour son adresse, un assassin pour sa haute capacité de crime. Pour avoir droit à la couronne, il faut que l'artiste prouve qu'*il a bien fait le bien;* et c'est là une condition totalement mise en oubli de nos jours, où la direction qu'a prise le talent n'entre jamais comme condition dans les récompenses du gouvernement.

Revenons à l'emploi du buget.

Nous trouvons, pour l'école de musique classique de M. Choron, 12,000 francs.

Suivant toujours ce principe, que les fonds consacrés aux arts par le gouvernement doivent être considérés comme des encouragements, nous pensons que cette somme de 12,000 francs devrait être divisée entre six compositeurs ayant les qualités que nous avons déjà indiquées, et qui donneraient chacun leurs soins à un certain nombre d'élèves.

Partagés ainsi, les 12,000 fr. encourageraient un plus grand nombre d'artistes, et les élèves, moins nombreux pour chacun, y gagneraient nécessairement; car c'est un axiôme, en instruction, que *la puissance enseignante du professeur diminue toujours en raison de l'augmentation des disciples.*

Au bout d'un certain temps, chaque compositeur devrait prouver, par les progrès de ses élèves, qu'il leur a donné des soins consciencieux.

La subvention de 46,000 fr. accordés pour une école gratuite de dessin, donne lieu à la même observation. Cette somme pourrait être distribuée entre 23 peintres qui ouvriraient chacun une classe gratuite de dessin où un nombre fixe de jeunes gens serait reçu.

Par tout ce que nous venons de dire, on voit que *cinquante quatre* artistes recevraient des encouragements du gouvernement, sans parler de ceux que l'on emploie *à l'école royale et spéciale des beaux arts, à Paris,* et *au conservatoire de musique et de déclamation.*

Reste 351,778 fr. portés au budget sous le titre *d'encouragement aux arts et aux lettres*, et dont l'emploi varierait nécessairement chaque mois, mais qui devrait toujours rester affecté à cette destination d'attirer les artistes dans une voie de moralisation. Le tableau suivant, que nous mettons ici comme contre partie de celui déjà donné, peut être considéré comme un projet de budget à cet égard.

BEAUX ARTS.

Etablissement des beaux arts.	*D. penses.*
Ecole royale et spéciale des beaux arts à Paris.	105,000 f.
Conservatoire de musique et de déclamation. . . .	90,000
23 écoles gratuites de dessin.	46,000
6 écoles gratuites de musique.	12,000
TOTAL.	253,000.

Encouragements.	*Dépenses.*
25 pensionnaires en Italie, peintres, sculpteurs et musiciens.	105,000 f.
Achat de tableaux et de statues à des artistes français.	100,000
Souscriptions à divers ouvrages.	100,000
Secours imprévus à des artistes où à leur famille.	30,000
50 gratifications ou pensions de 2,000 fr. à des artistes.	100,000
Dépenses imprévus	21,778
TOTAL.	456,778.

Ainsi près de 300 artistes recevraient des secours du gouvernement comme *primes d'encouragements.*

Nous répétons que ce ne sont ici que des moyens transitoires, puissants, nous le croyons, mais insuffisants pour donner aux arts leur place définitive dans la société. Du reste on voit au moins avec quelle facilité l'on pourrait exécuter tout ce que nous avancons. Pour cela aucun dérangement dans les existences ni dans l'organisation générale ne serait nécessaire, et cependant nous sommes convaincus que les plus heureux résultats se feraient sentir dans peu. Il nous reste à parl[illegible] de la nouvelle constitution à donner aux théâtres, ce sera la matière des développements qui suivront.

CHAPITRE IV.

Nouvelle Constitution à donner aux Théâtres.

De tout temps le théâtre a exercé une influence directe et bien sentie sur la nation française. Vive, impatiente, passionnée, elle s'arrange merveilleusement de cette forme rapide et dramatique donnée aux idées, elle aime ces chapitres en action, vivants et courts où les pensées transitoires sont omises, où l'on marche en indiquant les développements sans les achever, où il faut remplir des vides, deviner des détails. — C'est un des caractères les plus marqués du génie français que cette tendance à l'élipse et cette disposition à sous-entendre créée par notre vivacité d'imagination. Or, nulle œuvre ne permet autant qu'une œuvre dramatique, l'application de cette manière de procéder ; aussi le théâtre n'a-t-il acquis nulle part autant d'importance que dans notre patrie. Il est devenu chez nous une puissance gouvernementale et la plus redoutable peut-être après celle de la presse. — Indiquons les moyens d'utiliser cette influence pour la moralisation nationale.

Ici nous sommes forcés de remonter à quelques observations générales.

La société est composée de deux classe : le *riche* et le *prolétaire*.

J'appelle *riche* celui qui peut satisfaire largement aux besoins de la vie, y ajouter les joies de la civilisation et appeler autour de lui quelques reflets de luxe.

Le *prolétaire* est celui qui travaille pour manger, et chez lequel une de ces jouissances créées par le raffinement des sociétés modernes est un accident rare.

Avec plus de 3,000 à dépenser on est *riche*; avec moins de 1,500 on est *prolétaire* !

Entre ces deux extrêmes la classe moyenne est nombreuse; mais chacun des individus qui la composent peut être rattaché de plus ou moins près à l'une des deux catégories que nous venons d'indiquer.

Les goûts, les habitudes de ces deux classe sont distinctes: c'est aux théâtres surtout que l'on voit se dessiner cette diversité de caractères.

Le *prolétaire* rude, grossier, à l'âme et aux mains calleuses, a besoin pour se sentir remué, d'émotions fortes, de scènes vraies, prises dans cette vie ardente et brutale qu'il connait. Il lui faut le drame avec sa moralité triviale, mais facile à saisir, ses leçons hurlées dans l'agonie ou proclamées aux pieds de l'échaffaud.

Le *riche*, énervé dans les molles jouissances de la vie, endormi sur les coussins soyeux, abrité sous les moëlleuses fourrures, accoutumé à la susceptibilité civilisée du monde, est devenu plus facile aux impressions, plus délicat et plus frêle sous le souffle des passions. Pour lui la langue des boulevards a trop d'âpreté; il faut le bercer dans des chœurs sonores, de douces romances, de joyeuses barcarolles. Si vous faites crier la passion, noyez la dans des accords, donnez lui une voix mélodieuse, adoucissez dans les chants ses sanglants aiguillons!...

Au peuple: *la Vie du Joueur*, *Seize Ans*, *Richard Arlington*, *Antony*.

Au riche: *Guillaume Tell*, *le Comte Ory*, *Robert le Diable*.

Deux formes bien distinctes restent donc au théâtre comme puissances moralisantes, l'*Opéra* et *le Drame*.

Tenant quelque chose de tous deux, le Vaudeville semble lier ces deux genres comme une sorte de transition, et agit principalement sur la classe flottante, qui remplit l'intervalle entre les deux extrémités sociales.

Ainsi en tout, trois genres restent au théâtre, ayant puissance sur les spectateurs, et chacun d'eux a son public. Tout trois sont donc précieux à conserver.

Ceci posé, voyons quelle nouvelle constitution il serait convenable de donner à nos théâtres, et commencons par ceux de Paris.

Parlons d'abord de l'Opéra.

On a long-temps distingué, et quelques personnes veulent encore *séparer* le *Grand Opéra* de l'*Opéra Comique*, qui ne mérite plus guère son épithète. Quant à nous, nous ne pouvons voir dans ce dernier qu'un cadre plus étroit, moins pompeux, mais différent bien peu quant aux intentions dramatiques de l'*Académie Royale de musique*. Entre *Masaniello* et *la Muette*, la différence peut être celle d'un tableau de chevalet à une toile de cinquante pieds, mais l'œuvre d'art est-elle réellement diverse? Les procédés, les habitudes, les détails peuvent différer aux deux théâtres, mais les conceptions musicales ne sont-elles pas les mêmes? Mettez un récitatif à la *Dame Blanche*, et puis dites-moi comment vous la distinguerez *du Comte Ory*? Il nous semble évident que depuis long-temps la distinction établie entre *l'Académie Royale de musique* et *Feydeau* est détruite, et que dès-lors une même administration devrait *réunir* ces deux théâtres *sans les confondre*. Il en résulterait nécessairement une économie notable. Plusieurs acteurs pourraient réussir dans les deux genres et se montrer alternativement sur les deux scènes. Nous avons actuellement à Paris un exemple (*M. Harel*) qui prouve la possibilité d'exploiter ainsi conjointement deux théâtres. Alors tomberait cette misérable concurrence du *Grand Opéra* et de *l'Opéra Comique* qui finit toujours par écraser le moins riche, et qui a amené cinq fois en deux ans la fermeture de ce dernier. Plus d'interruption et par conséquent plus de souffrances pour le grand nombre de personnes dont l'existence tient à ces établissements; plus d'attente irritante pour les artistes dont les ouvrages seraient montés sans relâche, et qui trouveraient des acteurs capables de seconder leurs efforts, des moyens de représentation impossibles sans la réunion des deux scènes lyriques. Il est même probable que la subvention accordée, séparément aux deux théâtres, et qui n'empêche pas leur ruine, serait plus que suffisante dans le cas de leur réunion. Au reste, en supposant qu'on la conservât telle qu'elle est maintenant, et qu'on y ajoutât même les cinqmille francs du secrétaire de la commission de surveillance ; la somme totale ne s'élèverait qu'à 905,834 fr.

C'est beaucoup, sans doute, lors que l'on songe aux faibles dotations accordées à l'instruction primaire, à mille autres branches importantes de notre administration ; mais, nous ne croyons pas cependant que des retranchements puissent être effectués sur cette somme. Quelques personnes, je le sais, se plaignent de la subvention accordée aux opéras, et prétendent avec une certaine justice, que le peuple qui en paie la plus grosse part, n'en retire ni plaisir ni profit. La moitié seulement de la plainte est fondée. *L'opéra*, comme nous l'avons dit, est devenu le spectacle du riche ; *l'opéra* seul peut donc exercer sur lui une action moralisante. Or, la moralisation des riches, est actuellement pour la société, le point le plus important, car c'est par là que commencera l'amélioration sociale. Le peuple a plus d'intérêt que personne à cette moralisation, et, par conséquent, on ne ne peut dire qu'il ne tire aucun profit de l'*opéra* qui est un des moyens d'y parvenir. Cependant, il est vrai de dire, que le bien produit est loin d'être proportionné aux sacrifices faits par les contribuables, et c'est une raison, non pour supprimer la subvention, mais pour donner une nouvelle direction aux théâtres qui la reçoivent. C'est là surtout, où viennent les riches et les heureux de la terre, qu'il faudrait tendre à développer les sentiments de générosité et de compassion, et la musique servirait admirablement pour atteindre un pareil but. Sous le règne de la dynastie déchue, *Guillaume Tel*, *la Muette de Portici*, étaient des œuvres à leurs places et propres à conserver au cœur de nos *dandys*, ces croyances libérales, qui devaient en juillet les mêler aux rangs du peuple, des cartouches dans la poche et un fusil à la main ; mais, cette œuvre accomplie, la puissance de ces conceptions republicaines a dû tomber. Un chant de liberté ne peut être en France, dans le moment actuel, un sujet de ralliement ni de combat; tout le monde la proclame, l'appelle; ceux même qui la maudissent dans leurs cœurs. Elle est dans nos lois, dans nos mœurs, dans nos espérances, partout: c'est comme une atmosphère qui nous entoure et où viennent de loin pour respirer ceux qu'étouffe l'air de la servitude. Le combat n'est plus en France sur le principe, la majorité l'a admis; il s'agit seulement de savoir en quels termes il sera posé; mais pour cela il faudrait s'entendre et comment le faire, tant que les aigres récriminations et les attaques tracassières se continueront. Je sais que la guerre des intelligences contre la rétrogradation a été trop longue et trop acharnée, qu'elle a trop accoutumé aux formes batailleuses pour que les habitudes pacifiques et indulgentes reprennent sitôt le dessus: les esprits en France sont comme des soldats conquérants que la paix a ramenés à leurs garnisons, mais dont l'ardeur guerrière n'est pas encore amortie, et qui, faute d'ennemis, se battent entre eux. Tout cela devait être ainsi; mais il faut que tout tende à modifier le plutôt possible cette disposition taquine des générations actuelles, et les arts surtout sont appelés à le faire. Laissons donc là les lieux communs libéraux épuisés depuis cent ans, et entrons dans une nouvelle voie plus neuve et plus intéressante désormais. Appelons les compositeurs modernes et les arrangeurs de poëmes à leur mission nouvelle de moraliseurs des hautes classes de la société. Qu'ils prêtent le charme de leur génie aux grandes vérités morales qui ont besoin d'être senties et aimées. Certes, le champ est vaste, et la moisson est belle! Qu'ils nous peignent l'homme social dans ses misères, dans ses égarements: la jeune fille du peuple, pure d'abord, joyeuse, charmante, s'ébattant dans la vie comme le rossignol du dernier printemps sous les feuillées d'automne, chantant son âme, épandant sa joie... puis bientôt arrachée à cette heureuse insouciance, échangeant sa vie d'oiseau des champs contre des enivrements passagers et trompeurs ; belle dame capricieuse et souffrante au milieu des profusions luxueuses, laissant tomber parfois un chant plaintif de souvenir, puis s'étourdissant emportée dans les tourbillons du monde.... voyant s'effacer lentement, année par année, plaisirs, illusions, beauté.... et arrivant enfin, courbée sous les ennuis et les repentirs, à la porte d'un hospice ou d'une maison de correction. — Et s'il faut aux fortes conceptions du *maëstro* un cadre plus sombre, plus mystérieux, plus fantastique, qu'il n'aille pas chercher dans un monde idéal des hymnes de démon ni des chants de tombe, mais qu'il peigne l'homme tel que notre société l'a fait, aux prises avec ses mauvaises passions ; égaré au milieu de ce chaos terrible de l'ambition, de l'avarice, de l'envie, de la haine, palpitant, torturé, hurlant pitié, ne l'obtenant pas, et marchant comme entraîné par une puissance supérieure vers une pente toujours plus rapide et sur laquelle il ne peut plus se retourner. Ah ! les sujets ne manqueront pas, car le monde est là tout entier. Compositeurs, élargissez vos plans, triplez vos orchestres, multipliez vos combinaisons savantes ; l'heure est venue de nous ouvrir le cœur humain ; rendez vos mélodies plus douces, plus enivrantes, plus échevelées ; vous avez à raconter les premiers rêves de l'âme qui s'épanouit au soleil de la vie ! attristez vos modulations ! vous avez à dire la profonde mélancolie de cette âme brisée par le contact plus prolongé de l'existence ; tonnez dans toute votre puissance, accords sombres et déchirants, criez avec cette âme révoltée qui ne veut plus de l'air qu'on respire ici-bas ; hurlez, plus horribles que la voix des démons de *Robin des bois* ou de *Robert le diable*, car voici le spectacle le plus grand et le plus terrible que vous ayez encore eu à reproduire ; un homme que la société a blessé dans toutes ses affections et toutes ses espérances, debout devant le suicide et le néant !

Et si vous craignez que ces tableaux ne soient trop sombres pour les heureux du jour qui n'aiment pas à prendre l'existence au sérieux, égayez-les par la caricature saisie au coin des bornes, mêlez comme dans la vie, aux lugubres scènes de nos souffrances, les plaisants intermèdes qui viennent parfois en rendre l'effet moins cruel sur le cœur; donnez pour hochets à votre muse folâtre et moqueuse l'égoïsme du riche, l'étroitesse du bourgeois, le népotisme du fonctionnaire public! joyeuses ou mélancoliques, vous pouvez employer toutes les cordes de votre lyre. Regardez autour de vous, et écoutez cette grande partition du monde où chacun joue à sa place. C'est de là qu'il faut extraire vos nouvelles créations; mais surtout n'oubliez jamais que vous accomplissez une œuvre de conscience et d'utilité publique! l'artiste qui emploie mal sa puissance moralisante est comme le soldat qui se sert du sabre donné par la nation pour frapper son concitoyen!

Nous n'avons parlé jusqu'à présent que du *grand opéra*, et de l'*opéra comique*; quant aux *Italiens*, nous ne pensons pas que le gouvernement doive continuer les sacrifices qu'il fait pour cet établissement. Son influence pour la moralisation est nulle, et l'on ne peut guère le considérer que comme un moyen d'études, un musée musical où les œuvres des maîtres italiens sont offertes aux observations du public. Sous ce rapport sans doute son utilité peut être réelle, mais seulement pour un petit nombre d'artistes, et nous croyons que l'on atteindrait le même but avec plus d'avantage si une partie de la dotation accordée à ce théâtre était consacrée à faire voyager nos compositeurs et nos chanteurs français, aux frais du gouvernement, en Italie et en Allemagne. Nous croyons que d'ailleurs la permanence de l'école italienne a eu trop d'influence sur notre réforme musicale, et peut-être nos jeunes compositeurs auraient-ils besoin de mitiger la musique clinquante et papillotée de cette école maintenant adoptée, par l'harmonie profonde des Allemands. Il y a dans les créations de ceux-ci une sorte de solennité, d'onction, de bonne foi qui ne se retrouve plus dans les partitions ultramontaines, et l'école allemande rendue plus *passionnée*, est peut-être en définitive celle qui conviendra le mieux à l'œuvre d'avenir qui se prépare. C'est d'ailleurs au sein des universités, au milieu de ces populations studieuses et recueillies de la vieille Germanie que nos artistes prendront l'habitude des travaux consciencieux et apprendront à considérer les arts comme un sacerdoce. 40,000 fr. pris sur la dotation du théâtre italien permettraient d'entretenir à l'étranger dix artistes, qui reviendraient chez nous riches d'observations; par ce moyen aussi l'*opéra* français se recruterait d'un grand nombre de talents retenus maintenant par le théâtre *italien*; le public y deviendrait plus nombreux et sa prospérité s'accroîtrait nécessairement. La réforme que nous indiquons doit donc s'exécuter promptement, car une raison de ton et de mode ne peut suffire pour maintenir un abus qui charge le budget de 70,000 fr.

Le *Théâtre-Français* reçoit 120,000 fr. du gouvernement : quels services rend le Théâtre Français? J'ai entendu dire qu'il était le musée conservateur de nos vieux ouvrages. — On eût pu ajouter, des vieilles traditions, des vieux ridicules, des vieux acteurs, des vieilles actrices. — Et de quelle utilité, s'il vous plaît, sont nos vieux ouvrages pour la génération actuelle? Quel plaisir prend-elle à leur représentation? Pour qui veut les connaître, nos auteurs classiques ne remplissent-ils pas nos bibliothèques? Quelle nécessité de les jouer? Si c'est comme objet de curiosité, que ne pousse-t-on la chose jusqu'au bout; pourquoi ne pas représenter *les mystères* du quinzième siècle; pourquoi ne pas chanter à l'Opéra les partitions de *Lully*? — Folie !.. — Autant vaudrait organiser chez *Franconi* un escadron de paladins couverts des vieilles armures de la Bibliothèque du roi, et chargés de joûter tous les soirs à heure précise, pour donner une juste idée aux amateurs du tournois des anciens preux. L'intérêt d'une froide curiosité ne suffit pas pour dépenser l'argent des contribuables; il faut qu'un bien réel résulte de son emploi, et, encore une fois, l'ancien répertoire est sans utilité directe de moralisation; dès lors le *Théâtre-Français* rentre dans la classe commune de tous les théâtres, et n'a droit à aucune préférence. (1)

Le même raisonnement s'applique à l'Odéon. Mais que les fonds consacrés à ces théâtres soient distribués comme prime d'encouragement aux pièces qui dans le cours de l'année auront agi d'une manière favorable sur les masses; que tout ouvrage dramatique, quel qu'il soit, qui aura aidé l'œuvre sociale en jetant dans le peuple quelque pensée heureuse et féconde, reçoive une récompense; que les auteurs soient présentés à l'estime publique, et que la nation, dans la personne de ses chefs, les remercie du bien qu'ils ont fait, car eux aussi ils auront apporté leur grain de sable sur la route du perfectionnement; eux aussi méritent les couronnes de chêne, comme ayant bien mérité de la patrie.

Artistes, à l'œuvre donc, vous avez votre destinée à accomplir! Le monde est ouvert devant vous. — Immense théâtre dont le rideau ne baisse jamais! C'est là qu'il faut chercher des personnages et des scènes. — *Vices, préjugés, douleurs....* trio fatal qui ceint le monde d'un cercle magique! Montrez-le dans toute sa laideur. Que de tableaux à peindre! Quelle histoire à écrire! Mais plus de ridicules contrefaçons du moyen âge; à bas la littérature à l'armure rouillée, les hachis historiques: ils ne nous apprennent rien d'utile pour le présent. Surtout plus d'atroces conceptions sans but; plus de cette muse à tête d'hyène, les deux bras rouges de sang et les pieds dans la boue! La muse de l'avenir, c'est l'humanité, grave, aimante, généreuse, essuyant ses pleurs pour sourire au malheur, cachant sa poitrine bleue de coups et de froissements pour ouvrir ses bras à l'amitié! Qu'elle vienne montrer au peuple le terme loin-

(1) Il peut exister pour les *sociétaires* des droits *acquis*, qu'il faut respecter; mais cela n'influe en rien sur la justesse de notre observation.

tain des perfectionnements ; qu'elle place elle-même les écriteaux qui indiquerent la route, et qu'on y lise partout : *sympathie, dévouement!* Il faut qu'au sortir du théâtre, le spectateur se sente placé plus haut dans la vie, qu'il porte plus légèrement le poids des jours, que son âme soit épanouie aux nobles inspirations, et que les larmes de la pitié se trouvent plus près de ses paupières ; il faut qu'il s'estime plus heureux, au retour, de trouver autour du foyer l'obscur et sublime amour de sa femme, les caresses de ses enfants. -- Et qui n'a éprouvé toutes ces émotions au moins une fois dans sa vie? Lorsqu'une œuvre de tendresse et de génie avait enthousiasmé son cœur, qui n'a senti un redoublement d'affection, ces crises de dévouement pour ceux qu'il aimait? Le moyen d'être méchant une heure après avoir pleuré d'admiration devant un trait de vertu!

Récapitulons notre article par des chiffres. Le gouvernement accorde aux théâtres 1,300,000 fr. Nous avons proposé de distribuer cette somme comme suit :

Aux deux opéras réunis sous la même administration	900,834 fr.
Pour dix pensionnaires en Allemagne et en Italie.	40,000
Pour des encouragements aux auteurs et pour frais divers.	100,000
Pour primes d'encouragement aux pièces moralisantes	259,166
Total	1,300,000 fr.

Ainsi, d'après le système que nous proposons, l'on peut calculer, en réunissant le tableau ci-joint à celui donné précédemment à l'article *des encouragements pour les arts*, que *cinq cents* artistes recevraient du gouvernement des primes variables depuis 1000 francs jusqu'à 6,000 francs pour les services rendus par eux à la morale publique. Quel immense résultat on obtiendrait par cette simple modification !

Nous n'ajouterons rien relativement aux autres théâtres de Paris dont nous n'avons point parlé : n'ayant été jusqu'à présent que des entreprises particulières, nous ne pouvons les considérer que comme une industrie soumise au système de concurrence ; ils auraient seulement droit aux primes dont nous avons parlé plus haut ; primes qui devraient être partagées entre les auteurs, les directeurs et les acteurs, selon la part qu'aurait eue chacun d'eux à l'œuvre moralisante. Par ce moyen on pourrait espérer d'exercer quelque influence sur la direction des théâtres parisiens, et par suite sur ceux de province, qui ne s'alimentent que là. Parlons maintenant de l'organisation qu'il faudrait donner à ces derniers pour éviter les banqueroutes continuelles des directeurs qui, outre leur immoralité, ont l'inévitable et terrible résultat de mettre perpétuellement en problème l'existence d'un nombre considérable d'employés inférieurs.

Chapitre V.

Réorganisation des théâtres de province.

On peut distinguer deux espèces de troupes départementales ; celles qui ont un théâtre fixe et unique qu'elles exploitent toute l'année, et celles qui ont un certain nombre d'arrondissements à parcourir, et que l'on nomme *ambulantes*. Nous ne nous occuperons pas de ces dernières, parce que, outre leur moindre importance, elle se sont jusqu'à présent soutenues sans subventions et sans banqueroutes ; toutes nos observations porteront donc sur les troupes *sédentaires* telles que celles de *Lyon*, *Bordeaux*, *Marseille*, *le Hâvre*, *Toulouse*, *Nantes*, *Metz*, *Lille*, etc.

Sur tous ces théâtres les trois genres (*opéra*, *comédie*, *vaudeville*) se trouvent réunis. La *comédie* y est généralement assez bien jouée, le *vaudeville* d'une manière supportable, *l'opéra* détestablement. Ceci tient à plusieurs causes. Les troupes d'*opéra* sont mauvaises, non parce que les talents sont rares, mais parce que les théâtres de province ayant augmenté en nombre et en importance, il s'est établi entr'eux une sorte de concurrence fatale qui fait que pendant qu'un directeur attire vers lui, à grands frais, un chanteur distingué, un de ses confrères fait d'énormes sacrifices pour acquérir une chanteuse de talent, et qu'ainsi chaque troupe se trouve morcelée et incomplète. Il en est résulté aussi nécessairement une exagération d'appointements pour les virtuoses en réputation qui surcharge les directeurs et les entraîne à leur ruine. D'un autre côté, la révolution musicale a rendu beaucoup plus difficile chaque emploi, et tel chanteur qui tenait convenablement sa place dans l'ancien répertoire de l'*Opéra* se trouverait dans l'impossibilité de tenir les rôles qui lui sont affectés dans le nouveau répertoire. Joignez à cela un public blasé et devenu difficile par mode et par ton encore plus que par sentiment ; la multiplicité des costumes, leur richesse, les dépenses de mise en scène, augmentées pour les *opéras* nouveaux, et vous concevrez facilement la cause du dépérissement de l'*opéra* en province. Enfin la décadence de *Feydeau*, dont le répertoire était bien plus que celui de l'*Académie royale* à la portée des chanteurs de province et des ressources des directeurs, a porté le dernier coup à ces derniers. Il faut avouer aussi que les moyens employés jusqu'à présent pour parer à cet inconvenient n'ont pas été heureux. Pour soutenir les directeurs, les municipalités ont augmenté successivement, par toute la France, les subventions accordées aux théâtres, et il en est résulté nécessairement que la lutte de concurrence, loin de cesser entre les directeurs, s'est animée plus acharnée sans qu'il en soit resulté autre chose que l'augmentation d'appointements toujours croissante pour les premiers emplois. Enfin aujourd'hui que l'on en est arrivé au point de ne plus pouvoir accroître ces subventions, et que de toutes parts les théâtres de province se ferment sous la main de la banqueroute, le moment est venu de porter une sérieuse attention aux causes d'une pareille crise.

Dans nos théâtres, les profits se composent de deux recettes bien distinctes :

Les abonnements payés uniquement par la classe riche qui aime et veut l'*opéra* ;

Les recettes journalières fournies par la classe moyenne et surtout par les prolétaires qui viennent chercher la malicieuse gaîté d'un vaudeville politique, ou les palpitations d'un drame sombre.

Or, c'est un fait de notoriété publique que dans les théâtres de province la recette provenant des abonnements a diminué, pendant que la recette faite à la porte n'a pas varié, a même augmenté peut-être : en d'autres termes, les riches, c'est-à-dire les spectateurs de l'*opéra* ont cessé de fréquenter les théâtres, tandis que les prolétaires, c'est-à-dire les spectateurs du *drame* et du *vaudeville*, ont conservé le même goût pour les représentations scéniques. Ce changement s'explique facilement, par l'importance du mouvement politique auquel les classes riches seules se sont trouvées mêlées, et qui ont absorbé toutes leurs pensées, tous leurs instants : la multiplicité des cabinets littéraires, des cercles de lecture, presque uniquement fréquentés par cette même classe, a dû aussi diminuer chez elle l'habitude du spectacle. — En un mot, le riche, blasé ou distrait, que n'attire plus assez fortement un *opéra* incomplet et mal monté, néglige le théâtre, où le peuple, toujours neuf aux émotions, court chercher les fièvres du mélodrame. — Une conséquence nécessaire de ces observations est que les troupes d'*opéra* de province, qui triplent les frais des directeurs ne leur sont plus d'aucune utilité pour les profits, tandis que le vaudeville et le drame, bien moins dispendieux, soutiennent seuls (encore avec l'argent des prolétaires) les théâtres à demi croulés. Une preuve nouvelle et irrécusable de cette vérité, c'est que partout où se trouve sous la même direction un petit théâtre de *mélodrame* et de *vaudeville* avec un grand théâtre d'*opéra* et de haute *comédie*, le petit théâtre fait vivre le grand : *Bordeaux* et *Lyon* en offrent un exemple. Dès lors, pourquoi cet entêtement à soutenir en province un *opéra* ruineux ? Que ne laisse-t-on plutôt s'établir dans chacune des villes qui maintenant accordent des subventions, un ou plusieurs petits théâtres consacrés au *vaudeville* ou au *drame* ? Une entreprise pareille se soutiendrait sans avoir recours aux dotations des municipalités. Et quelle nécessité, en vérité, que les contribuables paient plus long-temps de dispendieuses subventions dont il ne résulte aucun avantage ? — Est-ce pour le peuple que vous entretenez ces trois genres ? — Mais le peuple n'a que faire de votre *opéra* ; il n'en veut pas ! Laissez-lui son théâtre libre, et point d'aumône pour ses plaisirs ; les riches seuls en reçoivent ; lui, le peuple, il paie ! — Est-ce pour moraliser la classe aisée ? Mais elle aussi n'a que faire de vos ridicules chanteurs dépareillés ! Dégoutée du théâtre, il faudrait pour l'y ramener l'attrait d'un plaisir puissant que votre *opéra* ne peut lui offrir. — Laissez donc les vieux errements suivis jusqu'à présent ; vous le voyez, votre organisation théâtrale ne tient plus ; elle tombe de toutes parts, et un système que le temps brise ne se soutient pas avec des primes d'encouragement. Employez une partie de la subvention, qui va se perdre chaque année dans la détresse des directions, à récompenser les pièces moralisantes qui auront agi sur le peuple ; faites-en faire à l'usage de la ville que vous habitez, vous avez parmi vous des artistes ; employez-les à monnayer la morale sous une effigie qui puisse lui donner cours dans le pays ; chaque localité a sa statistique intellectuelle, ses besoins moraux ; appropriez-y les moyens d'enseignement populaire ; secondez les publications utiles à l'amélioration des classes inférieures ; consacrez enfin la partie la plus notable de vos subventions actuelles à accroître le nombre de vos écoles gratuites. Certes, employée ainsi, cette somme sera plus profitable à l'avenir des masses et à la prospérité de nos cités qu'elle ne l'est actuellement. Je sais que pour cela il faudrait mépriser les clabauderies d'une centaine d'amateurs obstinés, habitués à ce que les contribuables paient chaque année une vingtaine de mille francs pour qu'ils puissent acheter du plaisir au rabais ; commissaires-priseurs dramatiques, patentés par droit d'ancienneté, qui se sont fait abonnés pour être quelque chose, à qui il faut chaque soir la banquette d'une loge pour dormir, et à chaque printemps des débuts, où une vingtaine de malheureux viennent soumettre devant eux, comme devant un jury, leur question de vie ou de mort. — Race particulière d'égoïstes orgueilleux qui veulent les trois genres uniquement *parce qu'une ville comme la leur ne peut s'en passer*, et qui, las du spectacle, dont ils se plaignent sans cesse sans pouvoir s'en passer, trouvent tout naturel qu'une partie des fonds municipaux (c'est-à-dire des sueurs et des larmes du peuple) soit consacrée chaque année à leur assurer un ennui quotidien et à heure fixe. — Je connais tout cela ! — Mais l'administration qui reculera devant les plaintes de pareilles gens n'est ni digne ni capable de marcher dans la voie des sociétés nouvelles. De plus sérieuses attaques, de plus cruelles injustices sont à supporter parfois dans la vie politique sans que nous devions y céder. L'homme public, dans sa carrière, doit se tenir haut et graviter autour de son centre comme le soleil, sans s'inquiéter de la poussière ni des cris qui s'élèvent au-dessous de lui : cris et poussière tombent bientôt, et l'astre paraît aux yeux de tous étincelant et pur de souillures. — La justification de l'homme politique n'est pas dans la popularité actuelle, mais dans le bien qu'il lègue à l'avenir.

D'après ce que nous venons de voir, chaque grande ville pourrait avoir ainsi un théâtre qui se soutiendrait seul (1), et cer-

(1) La meilleure troupe jouant vaudeville, comédie et drame ne coûte que 60,000 f. pour l'année : il ne lui faut donc pour se soutenir que six recettes de mille francs chaque mois.

sacré à la moralisation des prolétaires. Cependant nous ne voudrions pas que celle des riches restât suspendue ni par conséquent que l'*opéra* disparût entièrement de nos grandes villes. Voici ce que l'on pourrait faire à cet égard.

Trois conditions sont à remplir :

1.° Que l'*opéra* moralise les riches ; nous avons dit ce qu'il faudrait faire pour lui donner cette puissance.

2.° Que les chanteurs eussent assez de talents pour reproduire d'une manière raisonnable les partitions des compositeurs et pour attirer les hautes classes.

3.° Qu'ils pussent se soutenir sans subvention.

Quant à la seconde condition, quoi qu'on en ait dit, il serait encore assez facile de la remplir, et les artistes ne sont pas devenus tellement rares qu'il ne soit possible de former une excellente troupe d'*opéra* en province ; mais pour cela il faudrait d'abord détruire la concurrence des directeurs, c'est-à-dire retirer partout les subventions et les privilèges de direction. Deux troupes d'*opéra*, choisies parmi les sujets les plus plus distingués se formeraient alors seules pour exploiter les principales villes de France, et seraient placées sous la direction unique d'un homme ayant des capitaux suffisants et une capacité reconnue. Les conditions qui lui seraient faites devraient être à peu près les mêmes que celles imposées aux troupes ambulantes qui exploitent nos arrondissements. Seulement chaque ville fournirait gratuitement la salle de spectacle qu'elle possède, avec tous ses accessoires déjà existants, ce qui n'augmenterait en rien les charges municipales.

La meilleure troupe ainsi formée coûterait (chœurs et orchestre compris). 118,000 fr.

Pour frais de voyage et autres dépenses. . . . 32,000

Total. . . . 150,000 fr.

C'est-à-dire 12,000 fr. par mois.

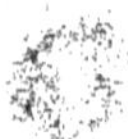

On peut avoir, terme moyen, dans nos grandes villes 15 recettes par mois de 1,000 fr., ci . . . . 15,000 fr.

Deux concerts par mois à 400 fr. chacun, ci . . 800

Total . . . . . . 15,800 fr.

La dépense étant de 12,500

C'est un bénéfice définitif de . . . . 3,300 fr.

par mois, ou de 29,600 par an.

Remarquez qu'en mettant 15 recettes par mois à 1,000 fr. j'ai été loin d'exagérer, surtout si l'on songe que les abonnements sont compris dans cette somme ; que l'*opéra* restant peu de temps dans chaque endroit, attirera la foule bien plus qu'il ne le fait actuellement, et qu'en outre le mérite inusité des acteurs devra nécessairement réveiller plus vivement le goût du spectacle. Par ce moyen, chacune des villes qui possèdent maintenant en permanence les trois genres, qu'elles sont obligées de soutenir dispendieusement, conserverait toute l'année, *sans subventions*, le *vaudeville* et le *drame*, et pourrait posséder pendant trois mois une excellente troupe d'*opéra*, qui ferait connaître toutes les nouveautés, et se retirerait aussitôt que son répertoire serait épuisé.

Je crois inutile de faire sentir combien une pareille combinaison offrirait d'avantages sous le rapport de la moralisation. Les classes élevées, rappelées aux amusements de la scène par les talents d'une troupe complette et jouant avec ensemble, pourraient alors connaître réellement les compositions de nos jeunes musiciens, qui maintenant ne nous paraissent que morcelées, parodiées, décousues. La musique reprendrait sa puissance, rendue par des artistes qui sauraient la comprendre ; ce ne seraient que trois mois de plaisirs, mais de plaisirs réels, de plaisirs énivrants et entiers !.... Qui oserait préférer une année entière de jouissances incomplettes? Toute la question est là : un mauvais *opéra* en permanence, ou un excellent *opéra* pour quelques mois ! Il faudrait être fou pour hésiter sur le choix.

Nous pourrions ajouter un grand nombre d'avantages qu'offrirait cette organisation nouvelle, et en première ligne nous placerions la possibilité d'engager les artistes pour plusieurs années, et d'éviter ainsi cette réforme annuelle qui désorganise sans cesse les répertoires, et entraîne une perte de plus de trois mois. Mais ici notre tâche nous semble terminée. En traitant des arts comme *puissance moralisante et gouvernementale*, nous n'avons pu avoir en vue que de jetter quelques idées générales sur ce vaste sujet, dans lequel la question des théâtres ne forme qu'un chapitre. Nous achevons ici, sauf à développer plus tard plus au long cette organisation théâtrale que nous ne faisons qu'indiquer. Au reste, depuis que nous avons commencé à publier ces articles sur les arts, nous avons vu avec plaisir que notre voix trouvait de l'écho. Déjà plusieurs journaux ont à leur tour parlé de la puissance des arts sur la morale, et à la tribune même; une voix chère aux cœurs bretons à plus d'un titre (celle de M. Dubois) a fait entendre à cet égard quelques paroles éloquentes qui, nous l'espérons, n'auront pas été perdues. Ainsi quand une pensée est mûre pour le siècle, de quelque coin obscur qu'elle s'élève d'abord, elle grandit en marchant, elle se répète, elle retentit, et bientôt développée par quelque fort génie, elle se mêle à toutes choses, et devient un cri du peuple, *une voix de Dieu* à laquelle il faut obéir. Puisse-t-il en être ainsi de cette opinion sur les arts, que du fond de notre province nous avons jettée presqu'au hasard sur cette mer orageuse, où tout remue et bouillonne. Ah! quand tout se désenchante autour de nous, quand le règne du scepticisme s'élève de plus en plus sur la société, quand des poëtes de vingt ans jettent leurs couronnes, las de la vie, et se couchent dans la tombe en doutant de Dieu (1) à une époque où le dévergondage de la pensée a remplacé celui des mœurs,

(1) Voyez le suicide d'*Escousse* et de *Lebras*.

où l'on vient mettre en doute toute morale passée, toute pudeur, et où l'audace des aberrations éloquentes va jusqu'à vouloir créer un sacerdoce de la prostitution, à une telle époque, dis-je, il reste une mission sérieuse et persévérante à remplir pour tous ceux qui n'ont pas résolu de se voiler la tête comme César, et d'attendre tranquillement les derniers coups. L'avenir est sous notre sauve-garde, et c'est à nous de le défendre de cette démoralisation rusée qui s'étend autour de nous ; d'autant plus dangereuse qu'elle s'offre sans passion, aimable et de bonne compagnie ; souffrant avec douceur les vertus qui lui résistent et les attaquant avec le paradoxe, non comme pour un combat sérieux, mais comme pour une discussion sans conséquence. Que ceux qui nous gouvernent ouvrent enfin les yeux : deux principes gouvernent le monde, celui du bien et celui du mal ; qu'ils appellent les arts à combattre pour le premier s'ils ne veulent les voir devenir les appuis du second : l'humanité à son adolescence est au moment de décider de toute sa vie. — Hommes du pouvoir, songez-y !...

www.ingramcontent.com/pod-product-compliance
Lightning Source LLC
LaVergne TN
LVHW020250230826
846091LV00006B/2337
* 9 7 8 2 0 1 1 8 9 3 9 5 6 *